PIANO · VOCAL · GUITAR

THIRD DAY
OFFERINGS II

T0052890

REGISTER

LL I
HAVE TO
GIVE

ISBN 0-634-06340-5

HAL·LEONARD®
CORPORATION
7777 W. BLUEMOUND RD. P.O. BOX 13819 MILWAUKEE, WI 53213

Visit Hal Leonard Online at
www.halleonard.com

www.ThirdDay.com

CONTENTS

Note: Due to licensing restrictions, "With Or Without You" is not included in the Medley.

SING A SONG

Words and Music by MAC POWELL,
MARK LEE, BRAD AVERY,
TAI ANDERSON and DAVID CARR

Moderate Rock

Well, I wan-na sing a song for You, Lord. And,

Lord, for You I want to sing a song. And

I wan-na lift my voice to Heav-en and

lis - ten to ___ the an - gels sing ___ a - long. _____ A song of Your ___ faith -

- ful - ness. ___ A song of Your ___ grace _____ and of Your lov - in' kind -

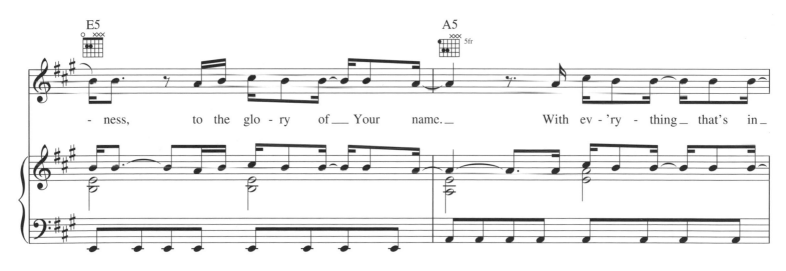

- ness, to the glo - ry of ___ Your name. ___ With ev - 'ry - thing ___ that's in ___

___ me, Lord, lis - ten to ___ me say _____ I wan - na sing ___ a song ___

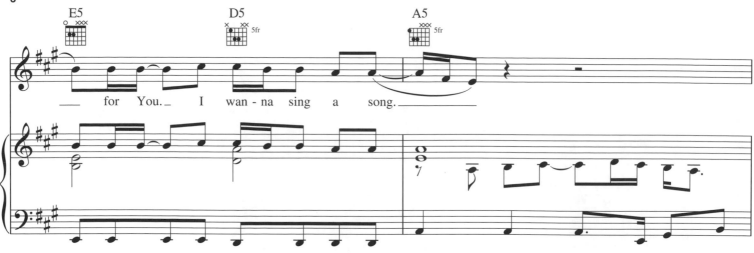

for You.__ I wan - na sing a song.__

I want to live__ my life__ for You,__

__ Lord.__ Lord, for You__ I wan - na live__ my life.__

And I want to praise__ the name__ of Je -

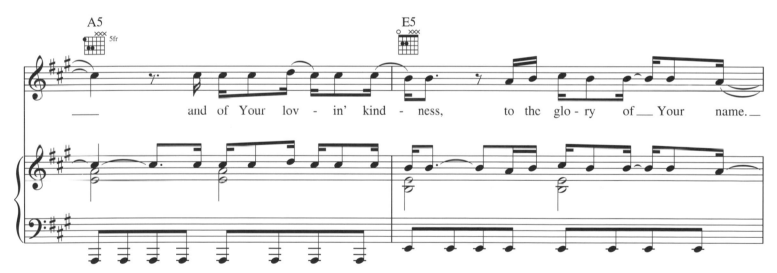

D.S. al Coda

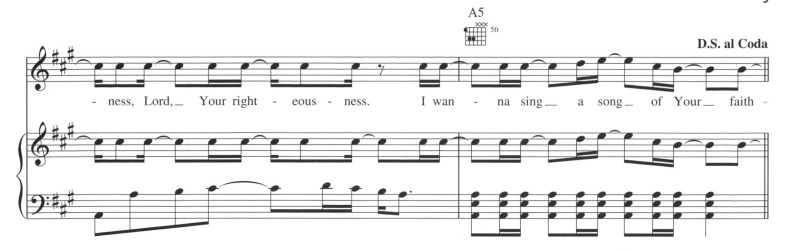

-ness, Lord,__ Your right - eous - ness. I wan - na sing__ a song__ of Your__ faith-

CODA

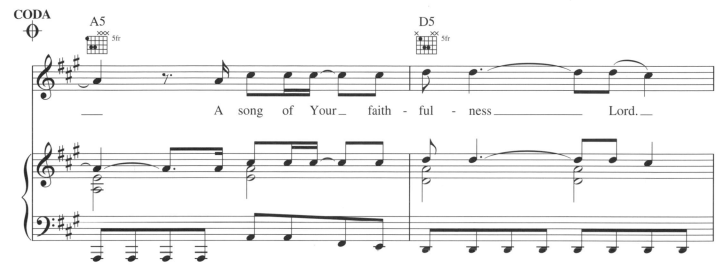

__ A song of Your__ faith - ful - ness_____ Lord.__

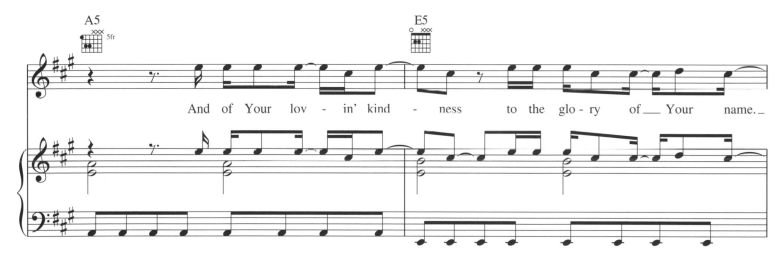

And of Your lov - in' kind - ness to the glo - ry of__ Your name.__

__ With ev-'ry - thing__ that's in___ me, Lord,__ lis - ten to__ me say__

I wan-na sing a song for You. I wan-na sing a song.

And we'll sing

ho-ly, ho-ly, ho-ly. We'll sing

ho-ly, ho-ly, ho-ly. We'll shout

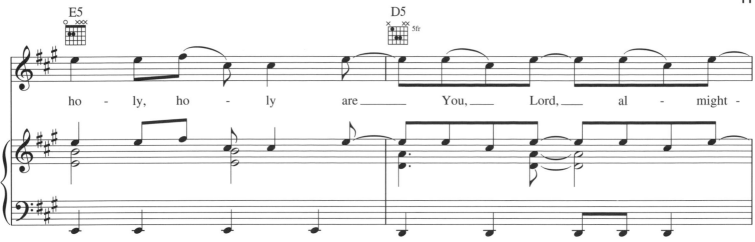

ho - ly, ho - ly are You, Lord, al - might-

-y. Yes, You are Lord. And we'll sing

ho - ly, ho - ly, ho - ly. We'll shout ho - ly, ho - ly, ho-

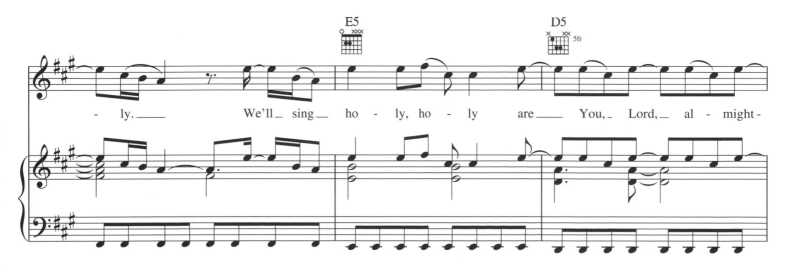

-ly. We'll sing ho - ly, ho - ly are You, Lord, al - might-

YOU ARE SO GOOD TO ME

Words and Music by DON CHAFFER,
BEN PASLEY and ROBIN PASLEY

You are so good__ to me.__ You heal my bro-ken heart.__ You
ride up - on _____ the clouds.__ You lead me to the truth.__ You

are my Fa - ther in Heav - en.__ You are so good__ to me.__ You
are the spir - it in - side____ me.__ You ride up - on___ the clouds.__ You

heal my bro-ken heart.__ You are my Fa - ther in Heav - en.__ }
lead me to the truth.__ You are the spir - it in - side____ me.__ } Well, You are

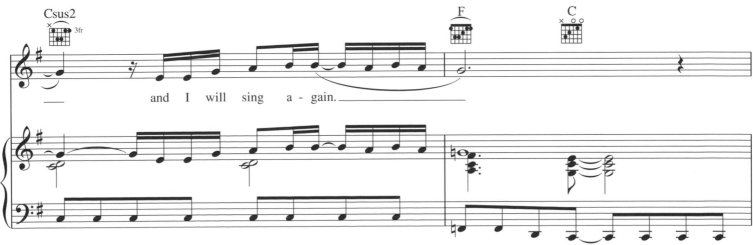

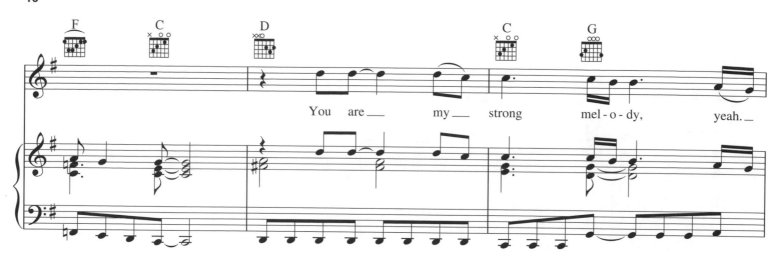

You are ___ my ___ strong mel-o-dy, yeah. ___

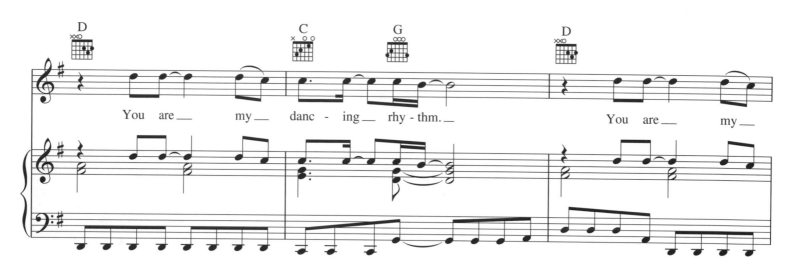

You are ___ my ___ danc - ing ___ rhy-thm. ___ You are ___ my ___

per - fect ___ rhyme ___ and I will sing of ___ You ___ for - ev - er. ___

You poured out all ___ Your blood. ___ You

died up-on___ the cross.__ You are my Je-sus who loves__

__ me. You poured_ out all_ Your blood.__ You died__

__ up-on__ the cross.__ You are my Je-sus who loves__

D.S. al Coda
(take 2nd ending)

CODA

__ me,_ yeah.__ You are

and I will sing a-gain.__

You are

Play 3 times

beau - ti - ful___ my sweet, sweet___ song_____ and I will sing a - gain.___ You are

beau - ti - ful___ my sweet, sweet___ song._____ You

are my Fa - ther in Heav - en. Well, You are the spir - it in - side___

___ me. You are my Je - sus who loves_____ me.___

CREED
(Credo)

Words and Music by
DAVID "BEAKER" STRASSER

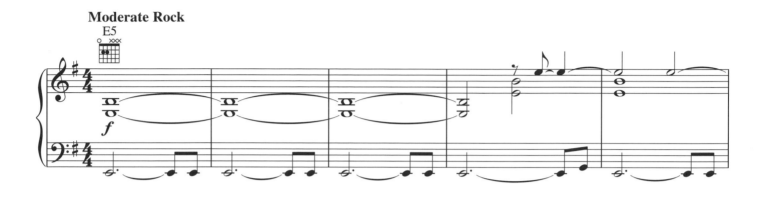

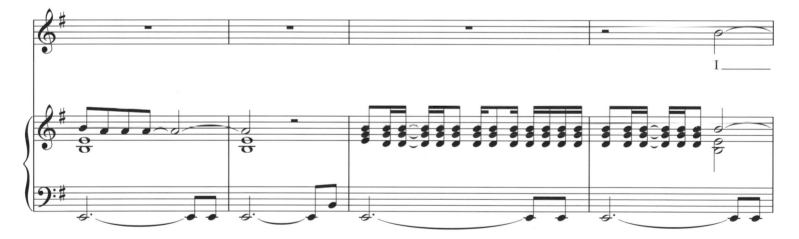

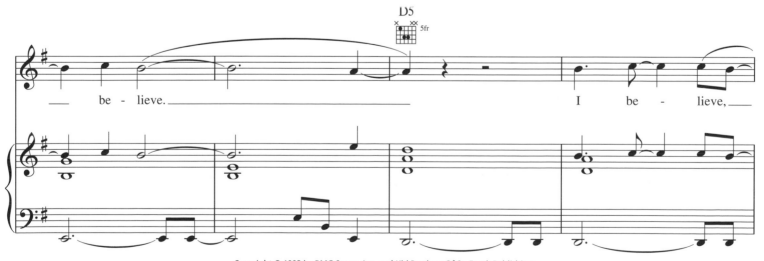

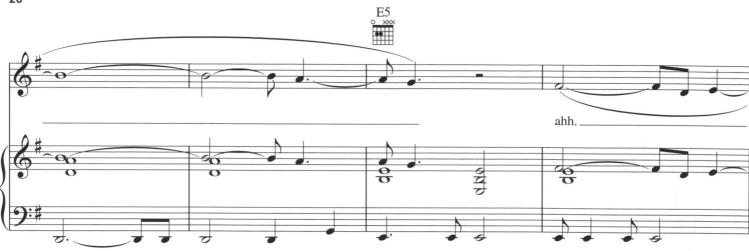

ahh.

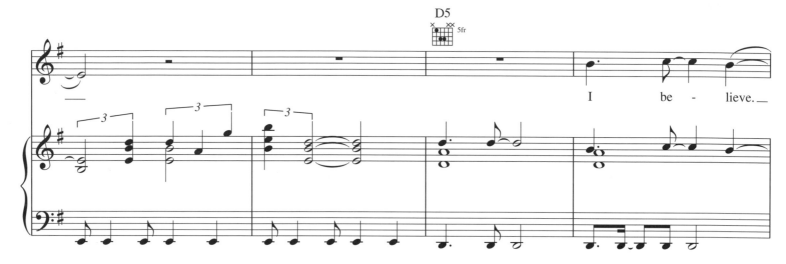

I be - lieve.

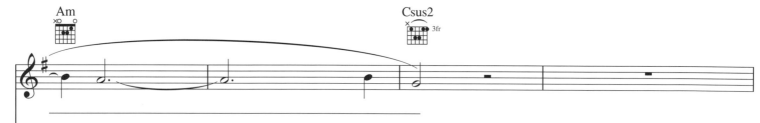

I be - lieve.

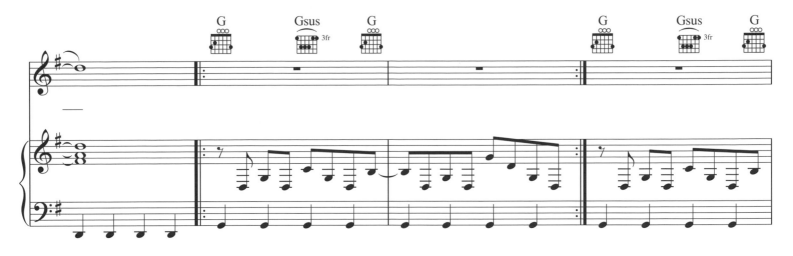

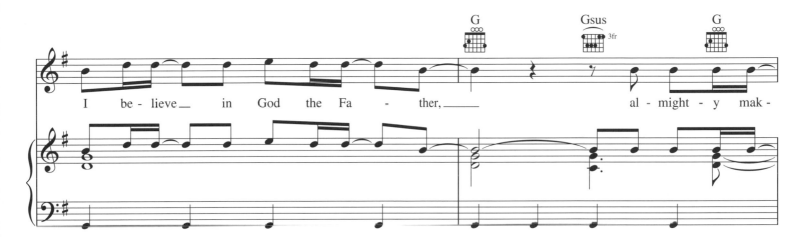

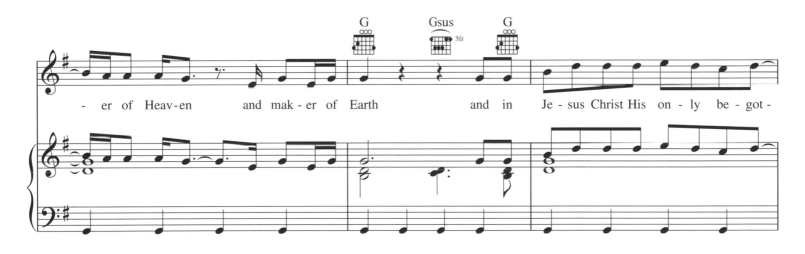

22

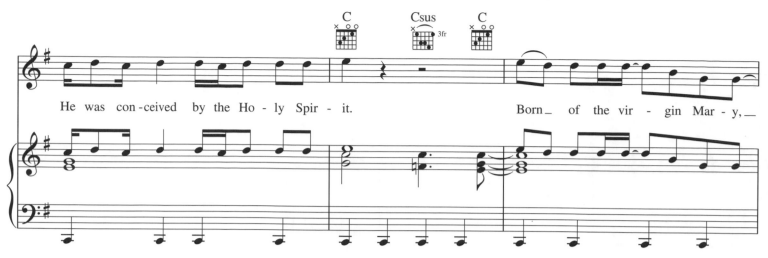

did not __ make __ it, no it is mak-ing me. It is the ver-y truth of God and not __ the in-

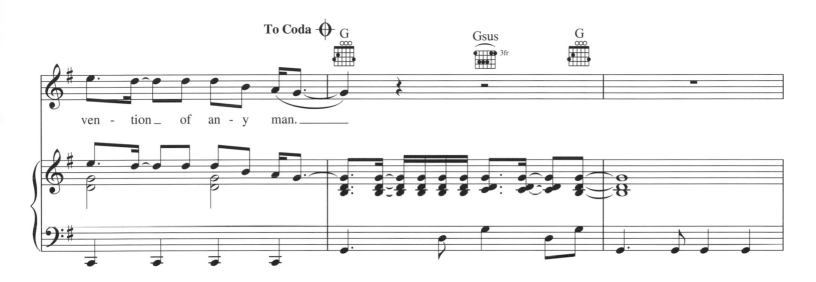

To Coda ⊕

ven - tion __ of an - y man. _____

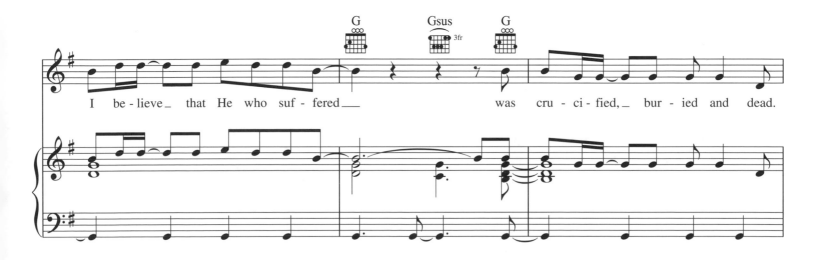

I be - lieve __ that He who suf - fered __ was cru - ci - fied, __ bur - ied and dead.

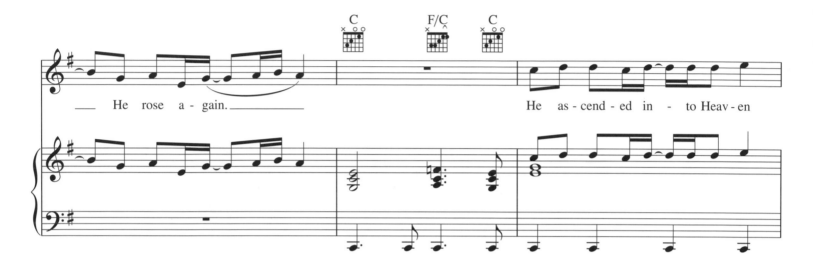

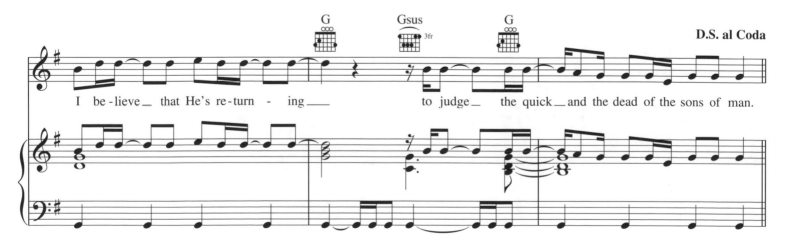

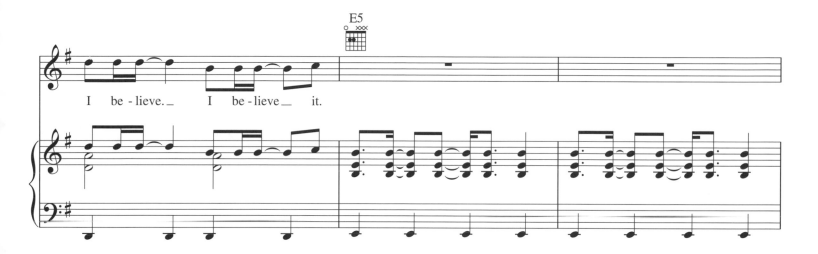

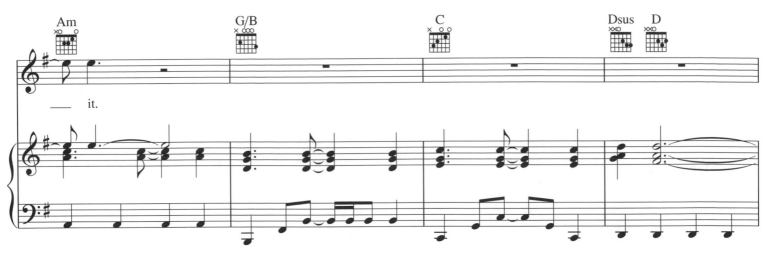

it.

Solo ends

I be-lieve __ in God the Fa - ther, __

__ al - might - y mak - er of Heav - en __ and mak - er of __

__ Earth __ and in Je - sus Christ His on - ly be - got - ten Son, ___

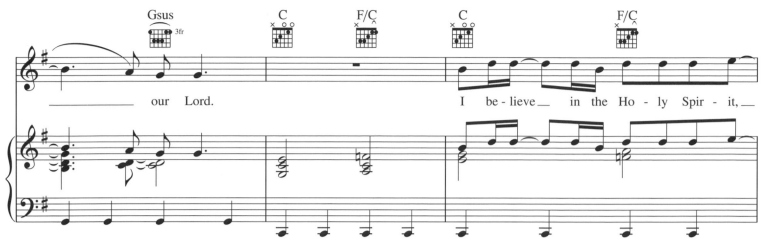

our Lord. I be-lieve __ in the Ho-ly Spir-it, __

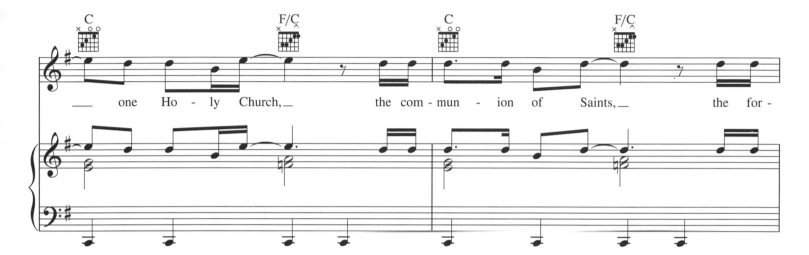

__ one Ho-ly Church, __ the com-mun-ion of Saints, __ the for-

give-ness of sin. __ I be-lieve __ in the re-sur-rec- -tion.

I be-lieve __ in a life that nev-er ends. __

I be-lieve_ what I be-lieve,_ yeah, is what makes me what I am.

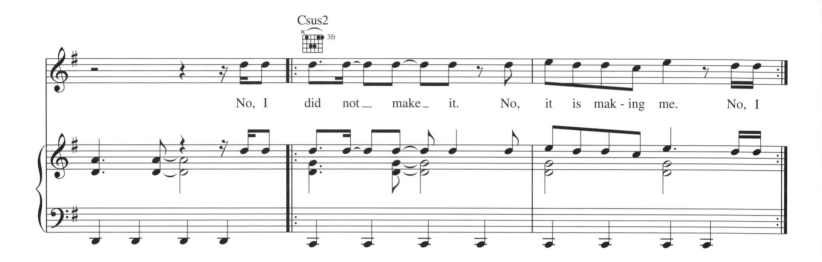

No, I did not_ make_ it. No, it is mak-ing me. No, I

did not_ make_ it. No, it is mak-ing me. It is the

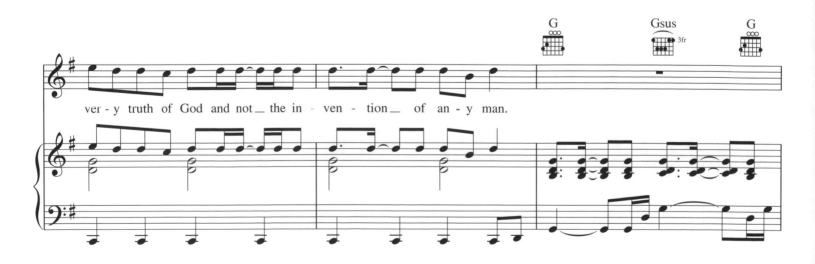

ver-y truth of God and not_ the in-ven-tion_ of an-y man.

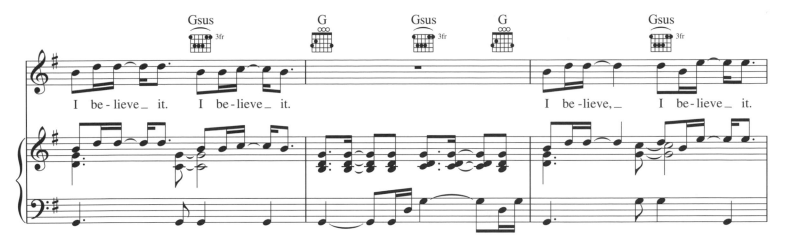

I be - lieve __ it.   I be - lieve __ it.   I be - lieve, __   I be - lieve __ it.

Oh, ___   I said I be - lieve __ it.   Port - land Maine __

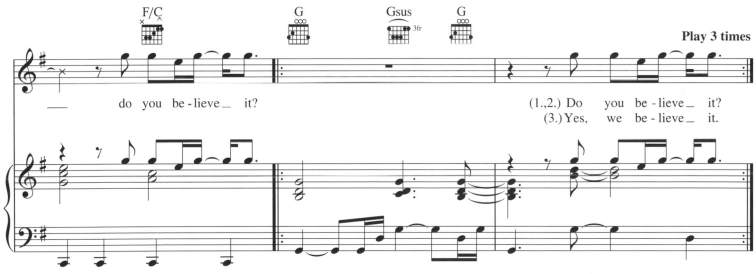

Play 3 times

__ do you be - lieve __ it?   (1.,2.) Do   you be - lieve __ it?
(3.) Yes, we be - lieve __ it.

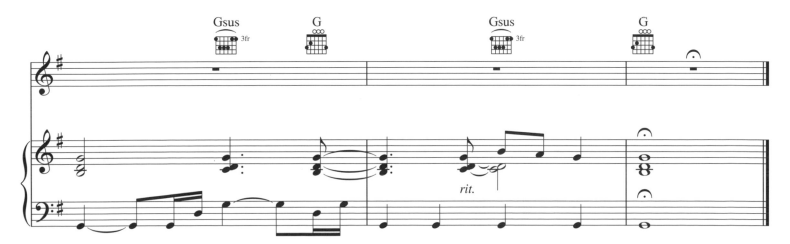

rit.

OFFERING

Words and Music by MAC POWELL,
MARK LEE, BRAD AVERY,
TAI ANDERSON and DAVID CARR

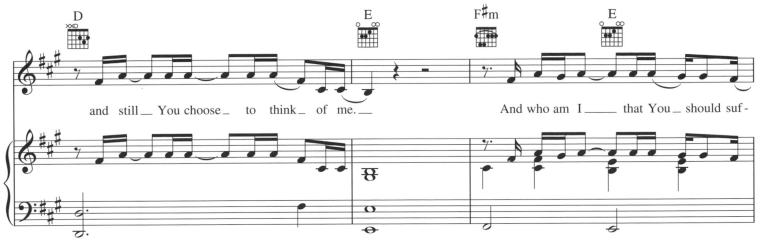

and still__ You choose__ to think__ of me.__ And who am I_____ that You__ should suf-

-fer Your ver - y life__ to set__ me free?__

The on - ly thing__ that I__ can give__ You_____

is __ the life__ You gave__ to me._____ This is__ my of-

-fer - ing, __ dear Lord. __ This is __ my of - fer - ing __ to You, __ God. __

— And I will give You my life __ for it's

all I have __ to give __ be - cause __ You gave __ Your life __ for __ me. __

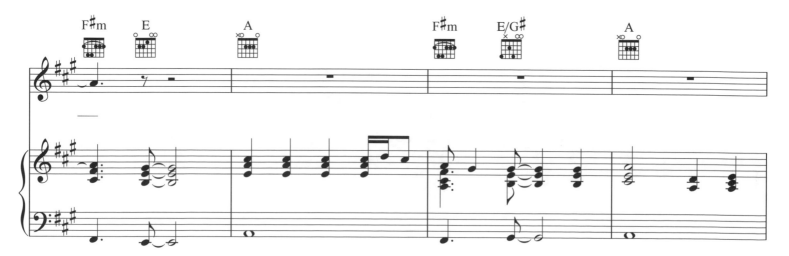

I stand _ be-fore _ You at _ this al - tar. _ So man - y have _ giv-en _ You more. _

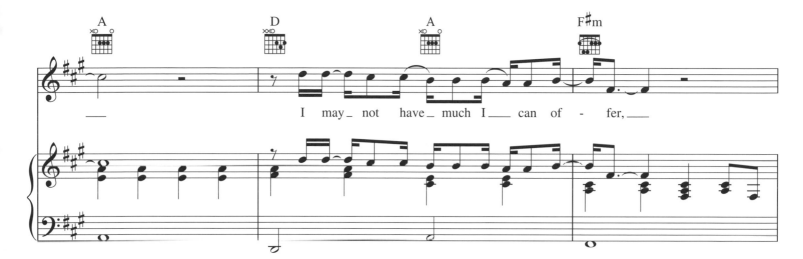

_ I may _ not have _ much I _ can of - fer, _

yet what _ I have _ is tru - ly Yours. _____ This is _ my of-

- fer-ing, _ dear Lord. _ This is _ my of - fer-ing _ to You, _ God. _

Well, I will give You my life _____ for it's

all I have_ to give _____ be-cause_ You gave_ Your life_ for _____ me.

To Coda

N.C.

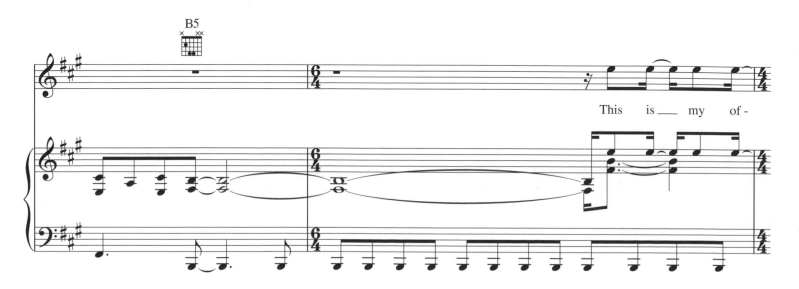

B5

This is _____ my of-

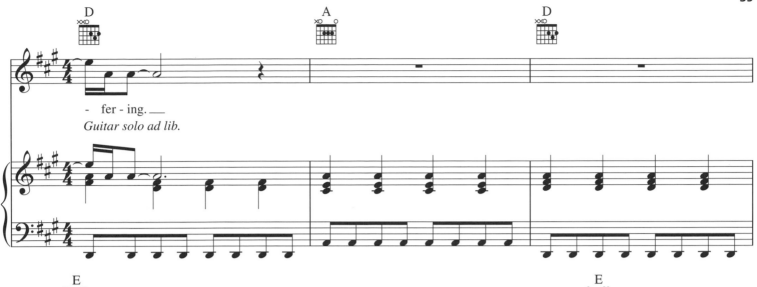

-fer - ing. ___
Guitar solo ad lib.

D.S. al Coda

This is ___ my of -

CODA

___ You gave ___ Your life ___ for ___ me.
This is ___ my of -

-fer - ing, ___ dear Lord. ___ This is ___ my of -

-fer - ing ___ to You, ___ God. ___ And I will

give You my life _____ for it's all I have _ to give _____ be - cause _

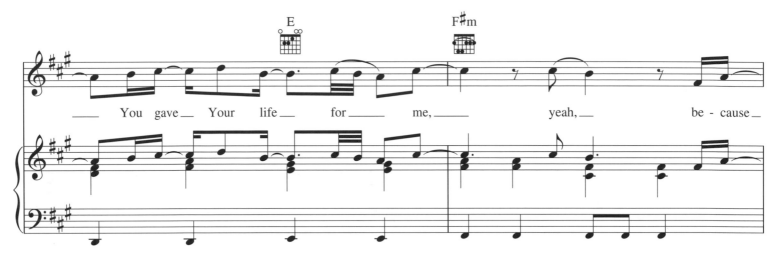

___ You gave _ Your life _ for ____ me, ___ yeah, ___ be - cause _

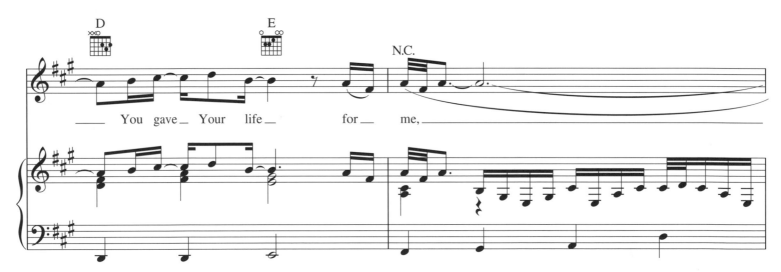

___ You gave _ Your life _ for _ me, _____

oh _____ yeah. ___

SHOW ME YOUR GLORY

Words and Music by MARC BYRD,
MAC POWELL, MARK LEE, BRAD AVERY,
TAI ANDERSON and DAVID CARR

And it was like a flash of light - ning re - flect - ed off the sky

and I know I'll nev - er be the same.

Show me Your glo - ry.

Send down Your pres - ence. I want to see Your face.

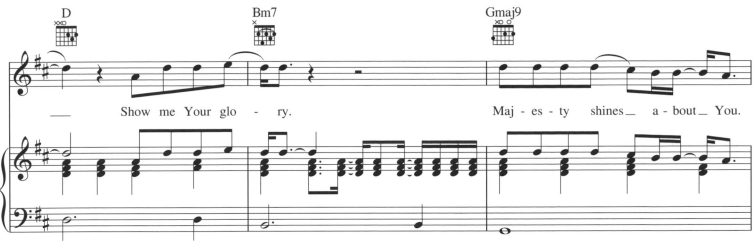

Show me Your glo - ry. Maj - es - ty shines_ a - bout_ You.

I can't go on with - out_ You, Lord._

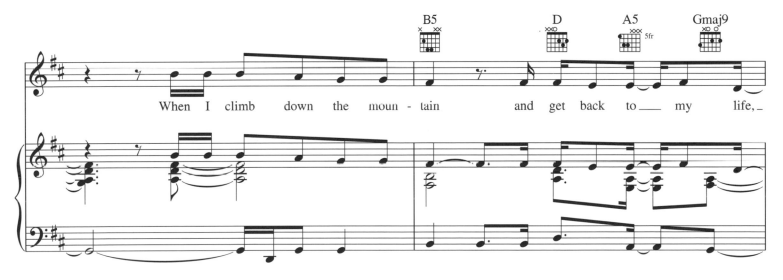

When I climb down the moun - tain and get back to_ my life,_

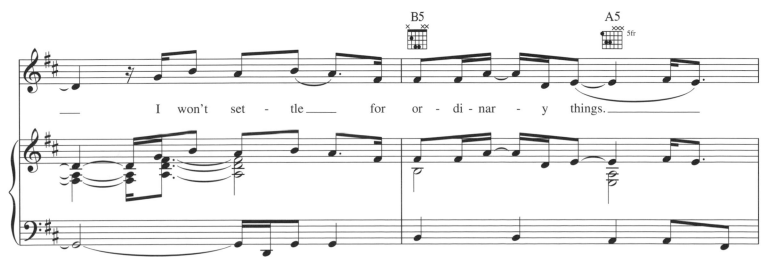

_ I won't set - tle_ for or - di - nar - y things._

I can't go on with-out __ You, Lord, __ Lord, _____ Lord. __

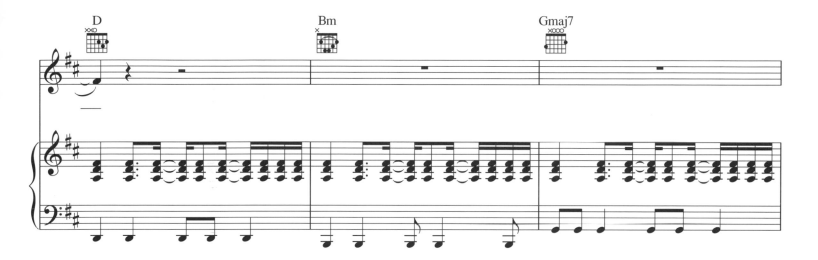

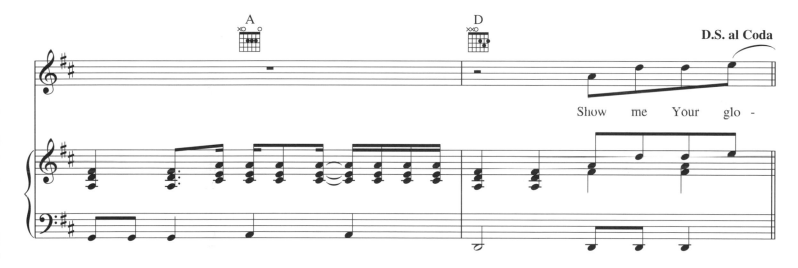

Show me Your glo -

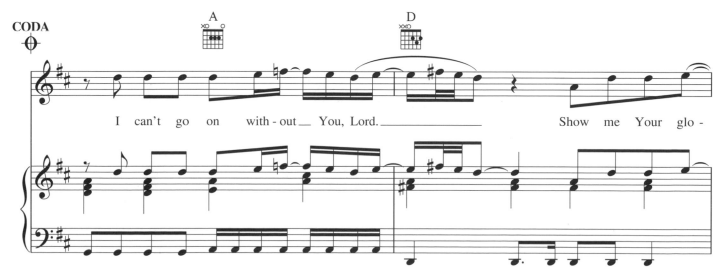

I can't go on with-out __ You, Lord. _____ Show me Your glo -

-ry, _____ yeah. *Lead guitar ad lib.*

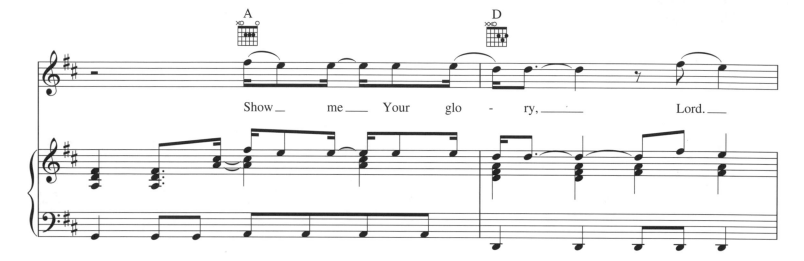

Show__ me__ Your glo - ry, _____ Lord.__

I__ can't live__ with-out__ You, oh _____ no.

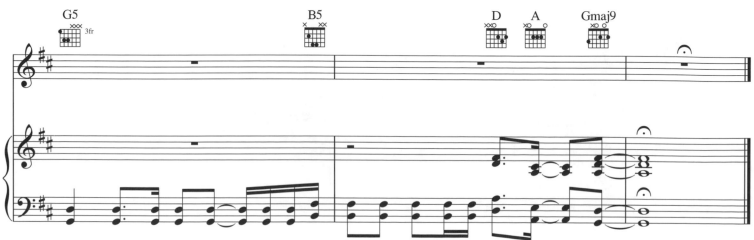

NOTHING COMPARES

Words and Music by JOHNNY MAC POWELL,
MARK D. LEE, BRAD AVERY,
SAMUEL TAI ANDERSON and DAVID CARR

Moderate Rock Ballad

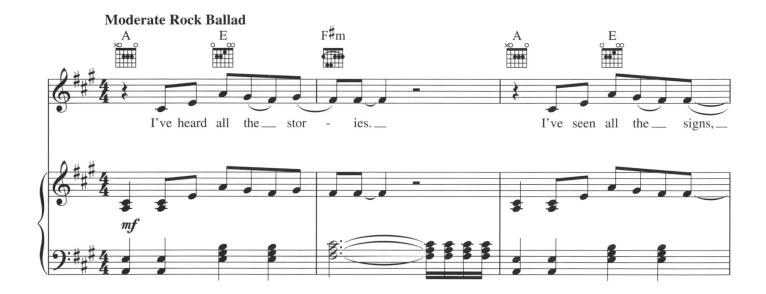

I've heard all the ___ stor - ies. ___ I've seen all the ___ signs, ___

wit - nessed all the glo - ries, ___

tast - ed all that's fine. ___ But noth - ing com - pares ___ to the great-

-ness of know - ing You, Lord,___ oh ___ no.

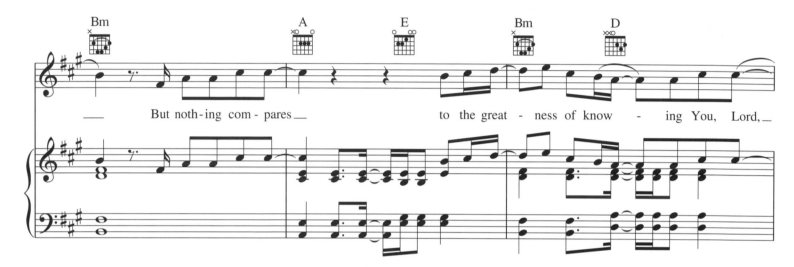

___ But noth-ing com - pares ___ to the great - ness of know - ing You, Lord,___

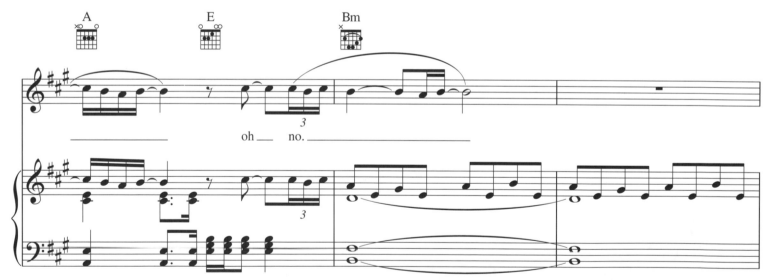

___ oh ___ no.

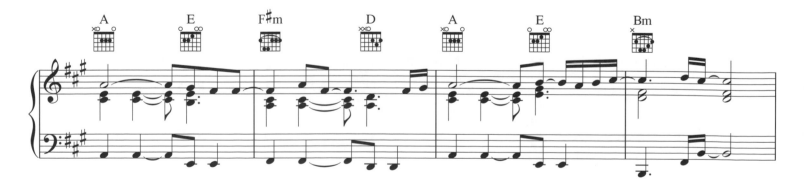

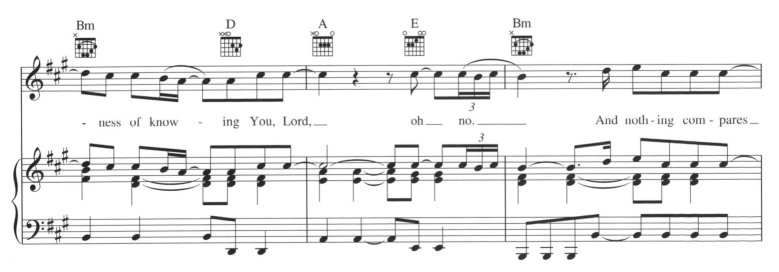

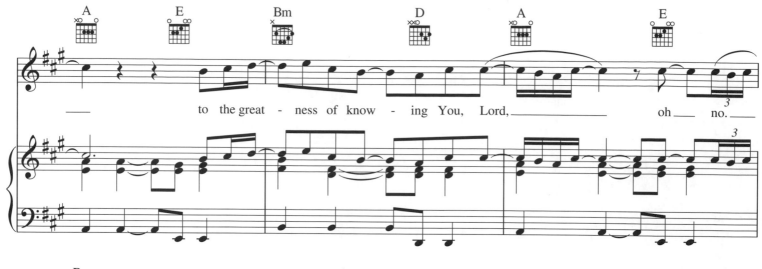

to the great - ness of know - ing You, Lord, _____ oh __ no. __

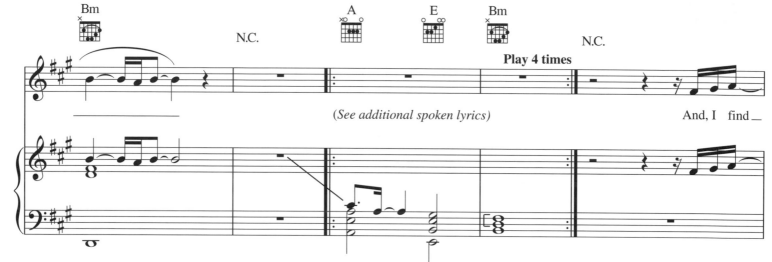

_____ *(See additional spoken lyrics)* And, I find __

Play 4 times

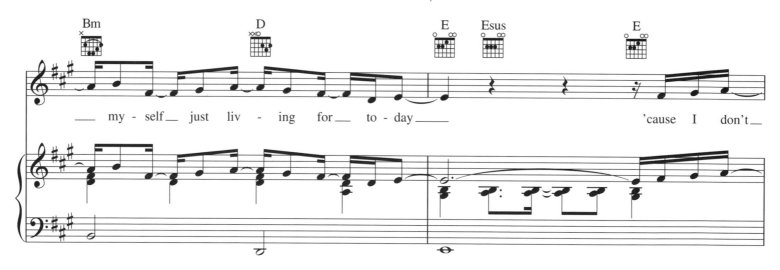

__ my - self __ just liv - ing for __ to - day ____ 'cause I don't __

__ know what __ to - mor - row's gon - na bring. __ So no mat -

-ter if __ I rise __ or fall, __ I'll nev-er be __ a-lone, __ oh _____ no, _____ no __

__ Lord. __ Noth-ing com-pares __ to the great - ness of know - ing You, Lord, __

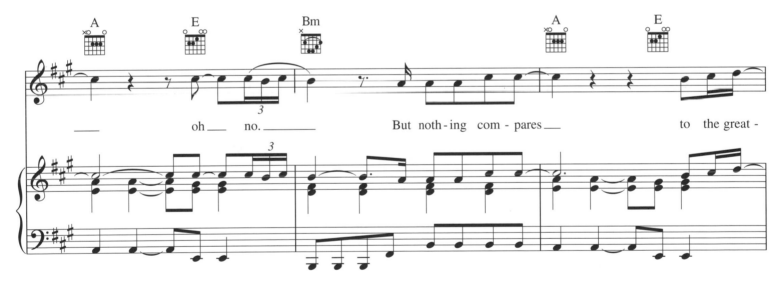

__ oh __ no. _____ But noth-ing com-pares __ to the great -

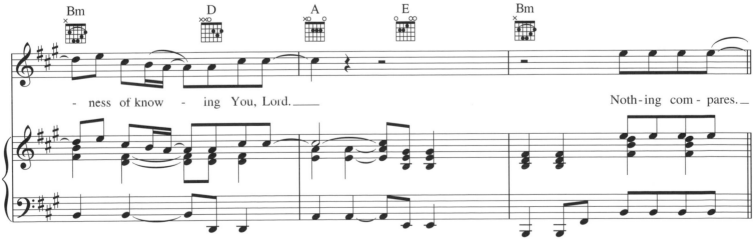

- ness of know - ing You, Lord. ____ Noth-ing com-pares. __

Noth-ing com-pares to You. Noth-ing com-pares to You.
Lead vocal ad lib.

Guitar solo ad lib.
Lead vocal ad lib.

Play 4 times

Additional Spoken Lyrics

And those words that were spoken and written by the apostle Paul apply just as much
To our lives today as they did two thousand years ago when he wrote them.
That in our lives, no matter where we could go, or who we could meet,
Or what we could see, or what we could earn, or be given to us, or accomplish,
There is nothing in our lives that will ever even come close to the greatness of knowing Jesus Christ our Lord.

ANYTHING

Words and Music by MAC POWELL,
MARK LEE, BRAD AVERY,
TAI ANDERSON and DAVID CARR

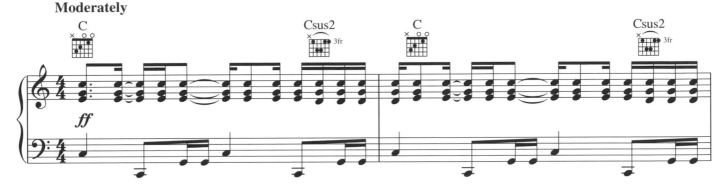

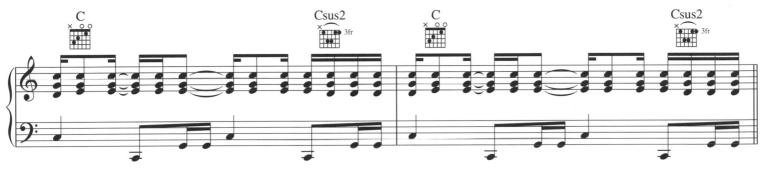

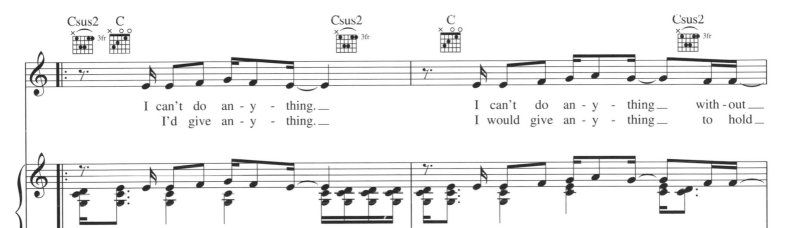

I can't do an-y-thing. ___   I can't do an-y-thing ___ with-out ___
I'd give an-y-thing. ___   I would give an-y-thing ___ to hold ___

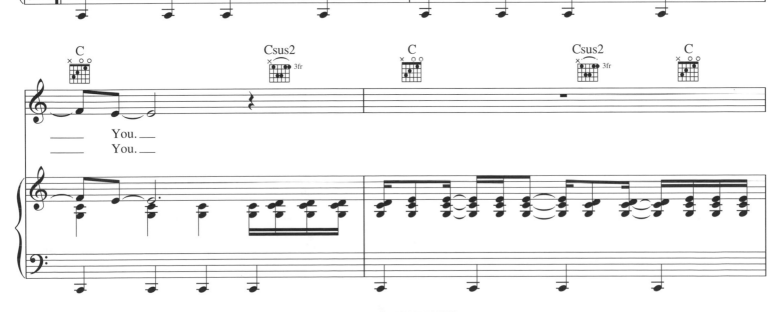

___ You. ___
___ You. ___

af - ter ev - 'ry - thing_ I've done._
You gave all You have_ to give._

And I want to love_

___ You,_ love You more_ than life_ it - self._ And I want to hold_ You_ e - ven though_

___ You can't_ be held._ Be - cause You're so much_ more___ than an - y - thing_

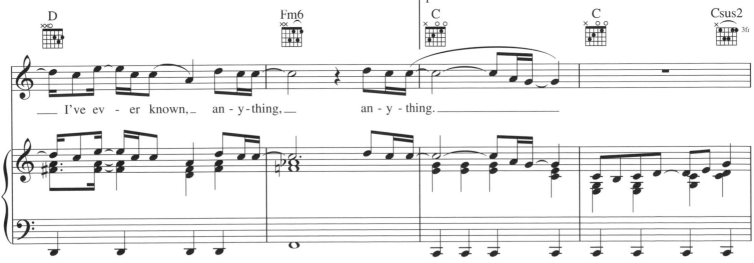

___ I've ev - er known,_ an - y - thing,_ an - y - thing._

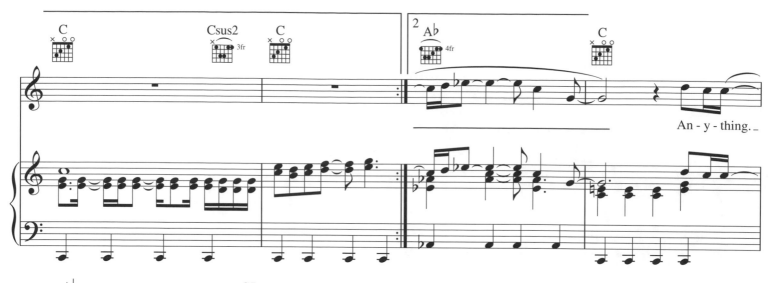

An - y - thing. ___

And I want to love ___

___ You, ___ love You more ___ than life ___ it - self. ___ And I want to hold ___

___ You ___ e - ven though ___ You can't ___ be held. ___ Be - cause You're

GOD OF WONDERS

Words and Music by MARC BYRD
and STEVE HINDALONG

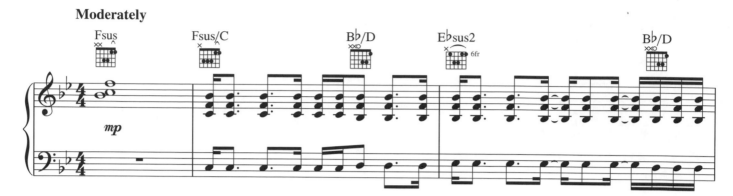

Lord of all __ cre - a - tion __

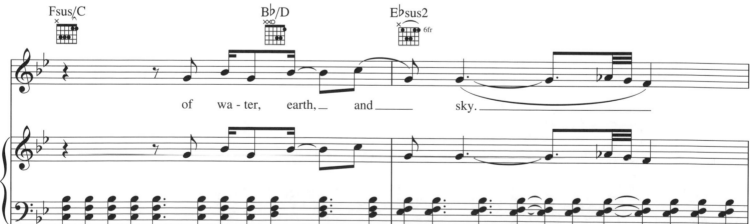

of wa - ter, earth, __ and ____ sky. ____

The heav-ens are Your tab-er-na - cle._

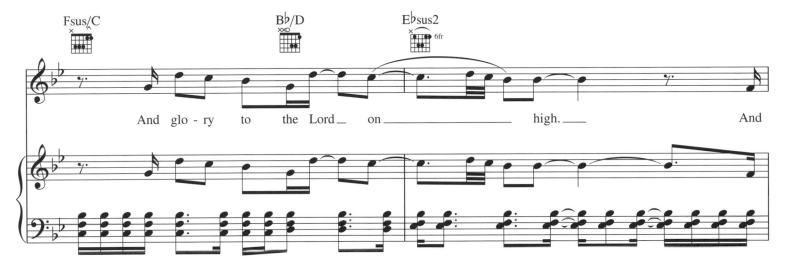

And glo-ry to the Lord_ on _____ high._ And

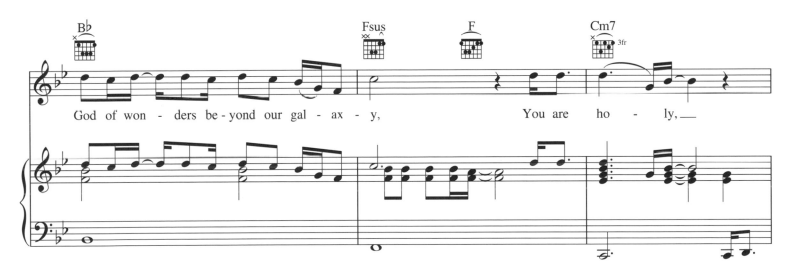

God of won - ders be - yond our gal - ax - y, You are ho - ly,_

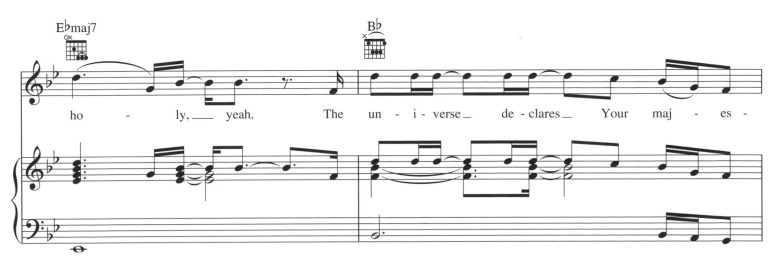

ho - ly,_ yeah. The un-i-verse_ de-clares_ Your maj - es -

ty. You are ho - ly, ___ ho - ly, ___ yeah.

Lord of heav-en and ___ earth. ___ Lord of heav-en and ___ earth. ___

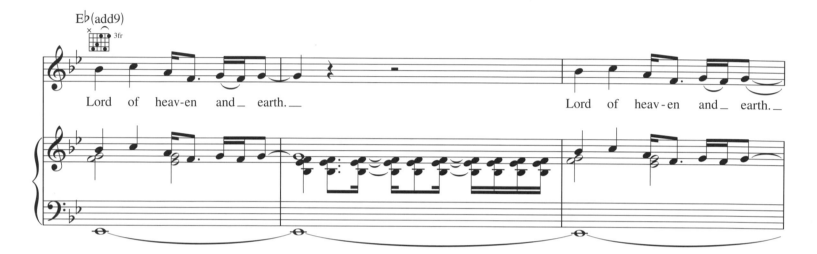

So ear - ly in ___ the morn-

I will cel - e - brate __ the light. __

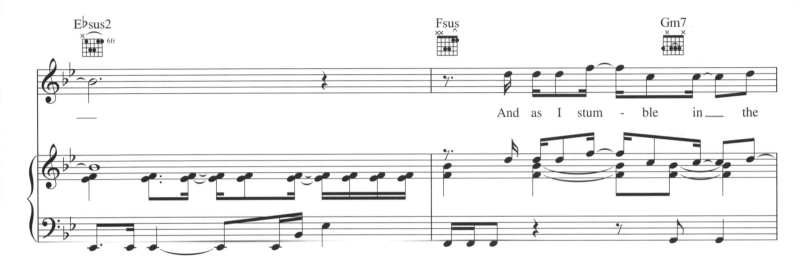

And as I stum - ble in __ the

dark - ness __ I will call __ Your name __ by night. __

__ God of won - ders be - yond our gal - ax -

y, You are ho - ly, ___ ho - ly, ___ yeah. The

un - i - verse_ de - clares_ Your maj - es - ty. You are ho - ly, ___

ho - ly, ___ yeah. Lord of heav - en and _ earth. Lord of heav - en and _ earth.

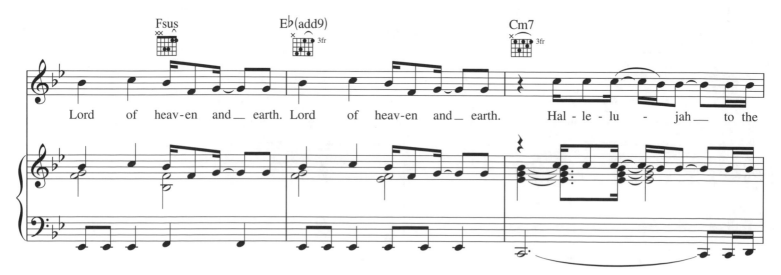

Lord of heav - en and _ earth. Lord of heav - en and _ earth. Hal - le - lu - jah ___ to the

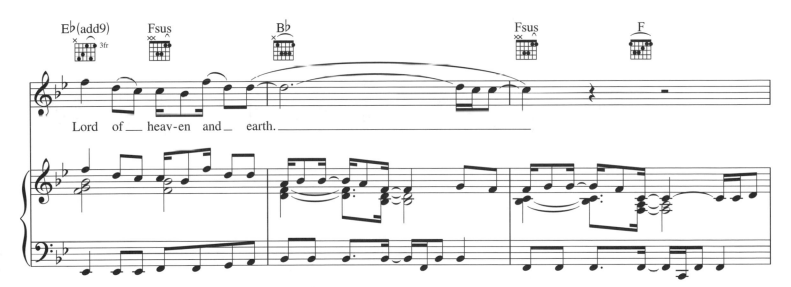

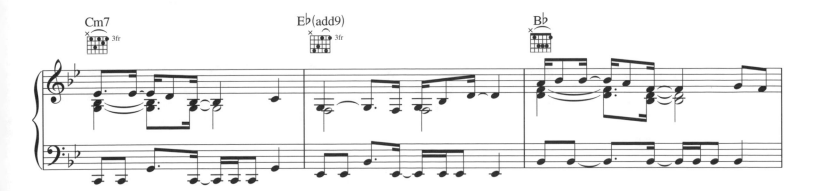

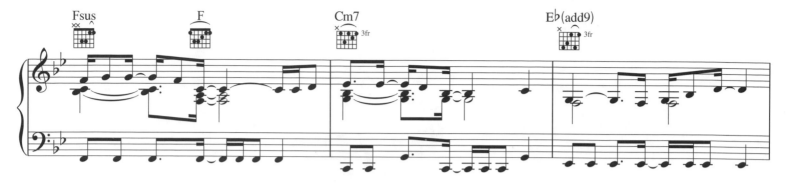

God of won - ders be - yond our gal - ax - y, You, ___ You are ho - ly, ___ Lord,

ho - ly. ___ Prec-ious Lord, ___ re - veal Your heart ___ to ___ me. ___ Fa - ther

ho - ly, ___ ho - ly, ___ yeah. The un - i - verse ___ de - clares ___ Your maj - es -

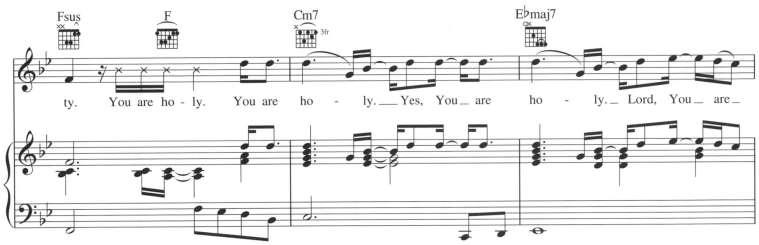

ty. You are ho - ly. You are ho - ly.__ Yes, You__ are ho - ly.__ Lord, You__ are__

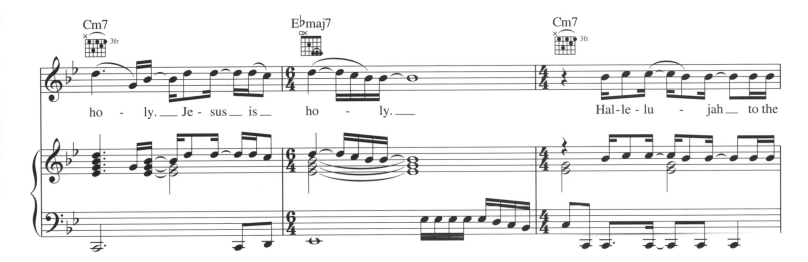

ho - ly.__ Je - sus__ is__ ho - ly.__ Hal-le - lu - jah__ to the

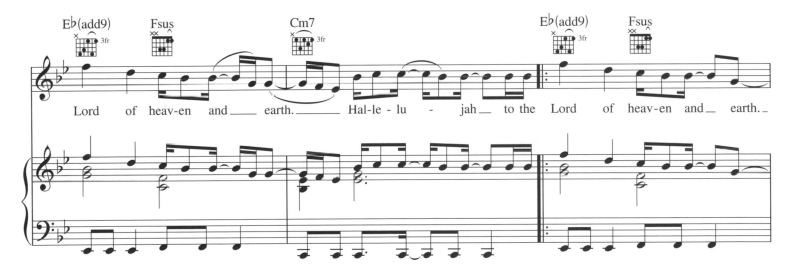

Lord of heav-en and__ earth.__ Hal-le - lu - jah__ to the Lord of heav-en and__ earth.__

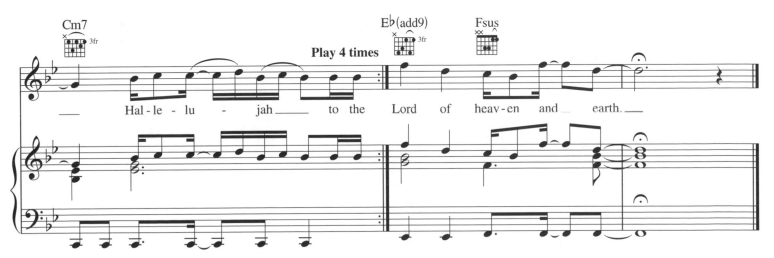

Play 4 times

__ Hal-le - lu - jah__ to the Lord of heav-en and__ earth.__

MAY YOUR WONDERS NEVER CEASE

Words and Music by JOHNNY MAC POWELL,
MARK D. LEE, BRAD AVERY,
SAMUEL TAI ANDERSON and DAVID CARR

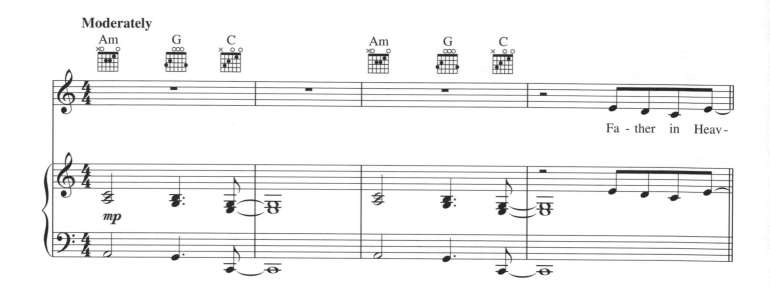

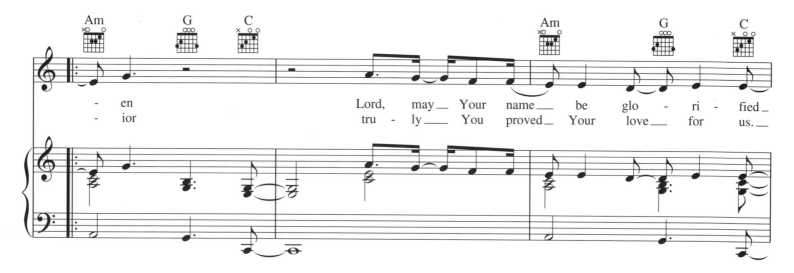

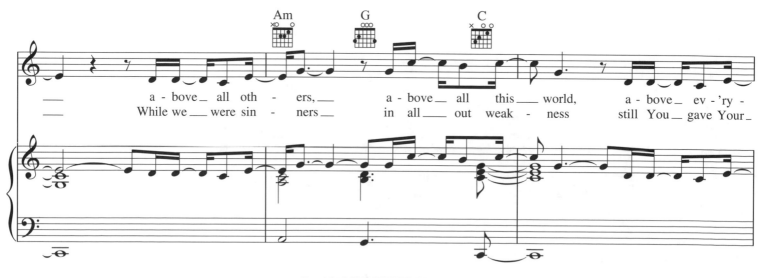

-thing else in our lives. For noth-ing else in all of this world mat-
___ life on the cross. You saved us, Lord, from all of our trans-gres-

ters but to live our lives for You and You a-lone. May Your
sions and de-liv-ered us in-to Your lov-ing arms. May Your

won-ders nev-er cease. May Your spir-it nev-er leave. May we ev-er long to see Your face.

___ When we've turned from You a-gain, oh how quick-ly we for-get. May we

be re-mind-ed of __ Your grace. __ May Your won-ders nev-er cease. ___

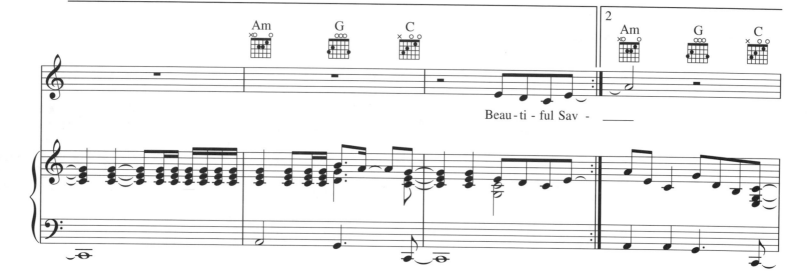

Beau-ti-ful Sav - ___

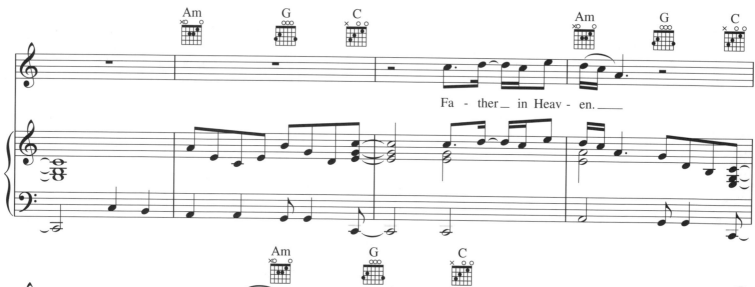

Fa - ther __ in Heav - en. ___

Lord, may Your name __ be glor - i - fied ___ a - bove __ all oth - ers, __

a - bove__ all this world,_____ a - bove__ ev - 'ry -

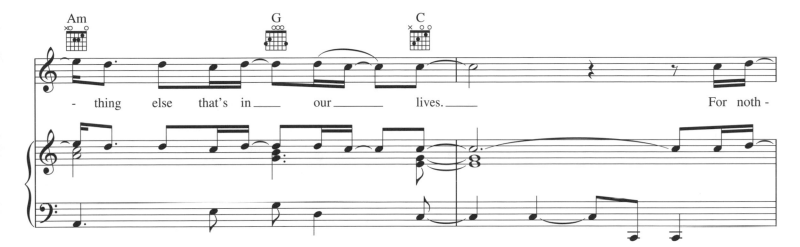

- thing else that's in____ our____ lives.____ For noth -

- ing else__ in all____ of this__ world mat - ters____ but to live__

__ our lives__ for You__ and You__ a - lone._____ May Your

won-ders nev-er cease.__ May Your spir-it nev-er leave.__ May we ev-er long__ to see__ Your face.__

__ When we've turned from You a-gain,__ oh how quick-ly we for-get.__ May we

be re-mind-ed of __ Your grace.__ May Your won-ders nev-er cease.___

May Your won-ders nev-er cease, Lord.__ May Your won - ders, may Your won-

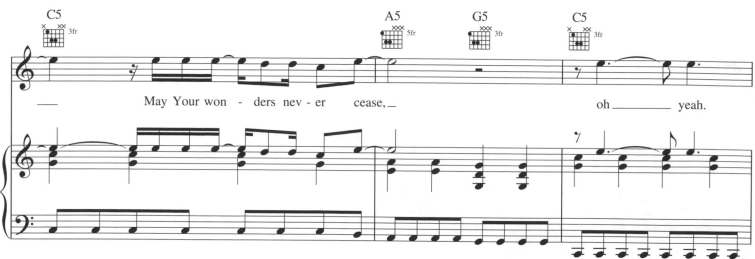

May Your won - ders nev - er cease, ___ oh ___ yeah.

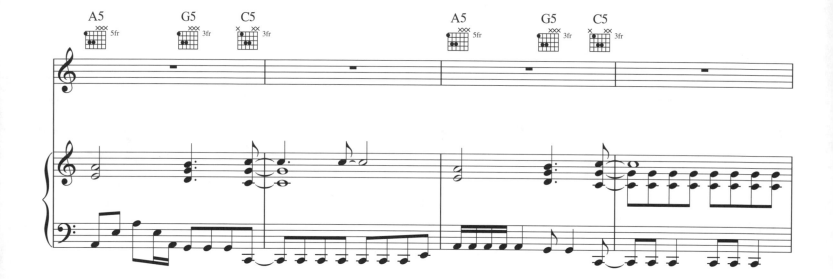

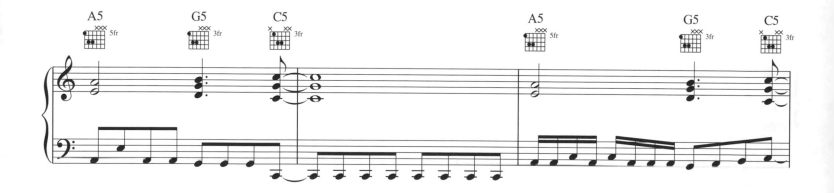

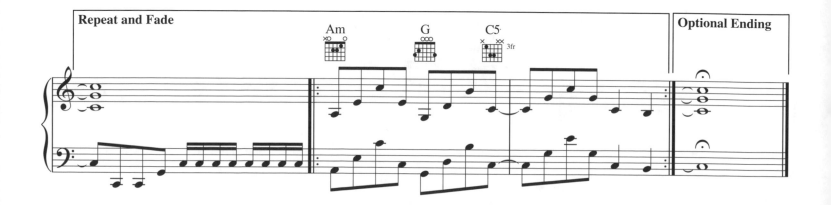

THE EVERLASTING

Words and Music by MAC POWELL,
MARK LEE, BRAD AVERY,
TAI ANDERSON and DAVID CARR

Moderate Ballad

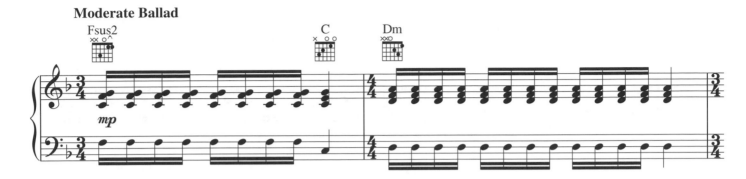

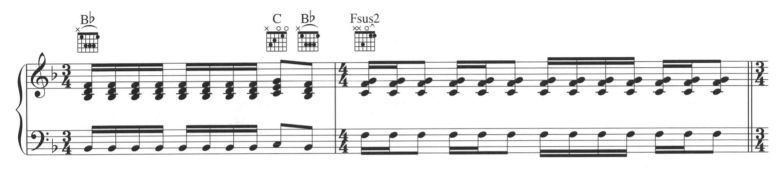

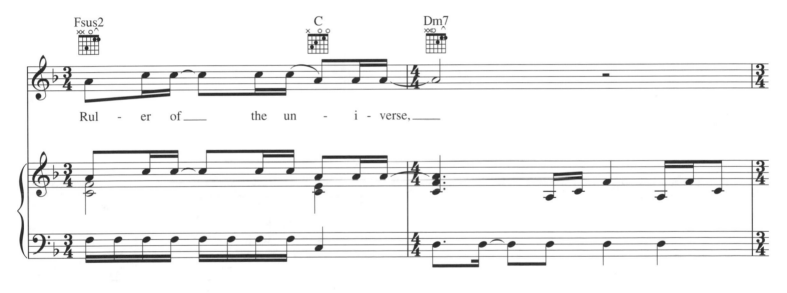

Rul - er of ___ the un - i - verse, ___

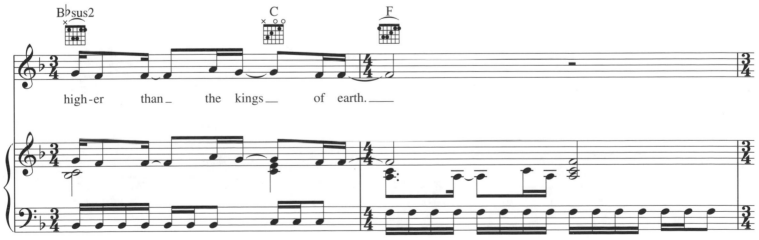

high-er than ___ the kings ___ of earth. ___

Long be - fore_ the world_ be - gan_

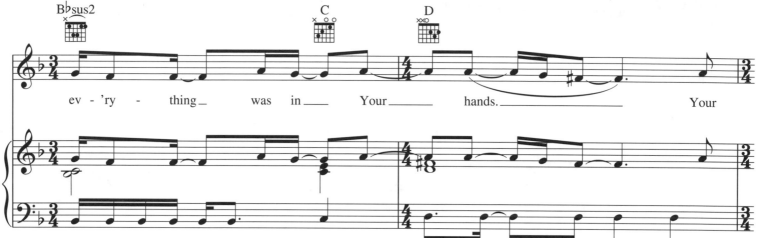

ev - 'ry - thing_ was in_ Your_ hands._ Your

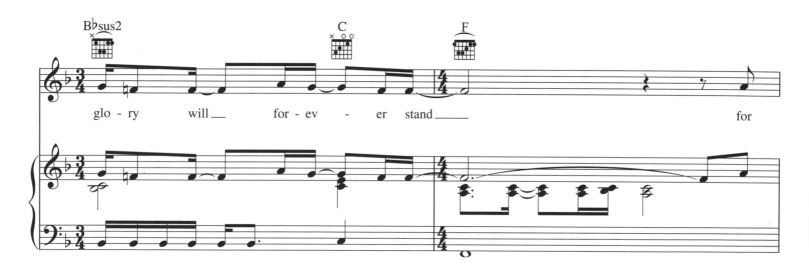

glo - ry will_ for - ev - er stand_ for

You are the Lord_ and You are God_ a - bove._ Your love_

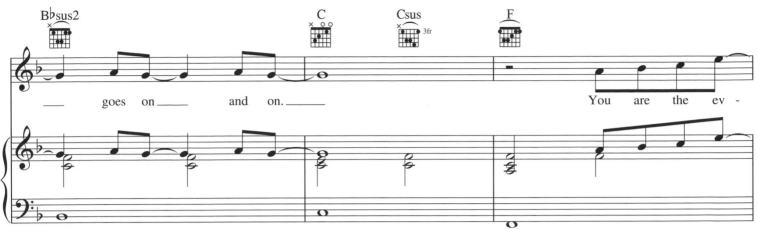

goes on ___ and on. ___ You are the ev-

-er-last-ing Fa - ther. ___ You are the ev - er - last - ing. ___

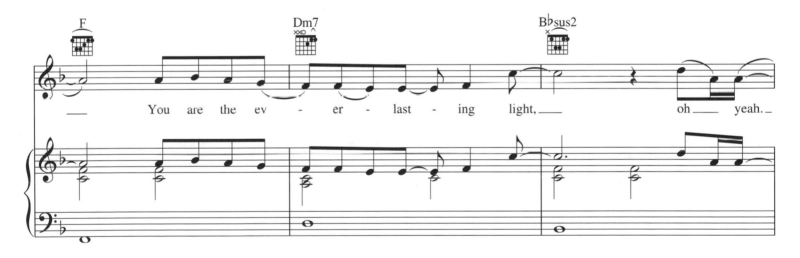

___ You are the ev - er - last-ing light, ___ oh ___ yeah. ___

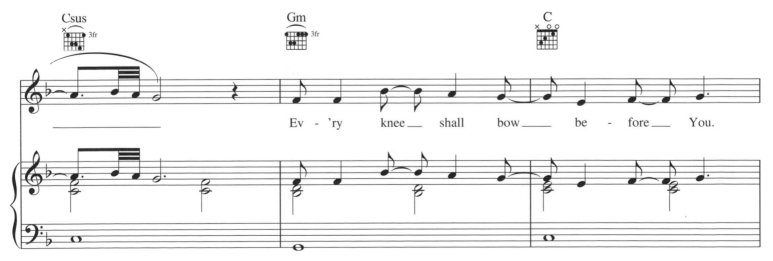

_____ Ev - 'ry knee ___ shall bow ___ be - fore ___ You.

You are the ev - - er - - last - ing life.____

You

rule the rag - ing of __ the seas.____ The hills pro - claim __ Your maj - - es - ty. __

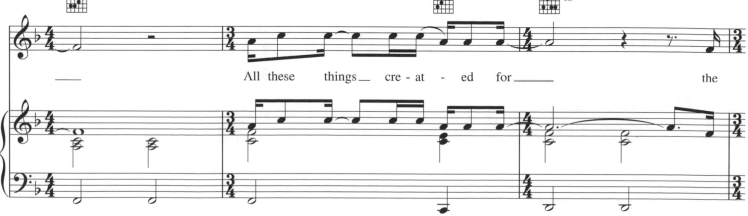

____ All these things __ cre - at - ed for _____ the

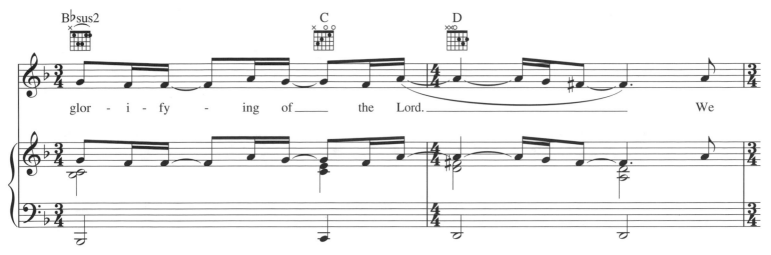

glor - i - fy - ing of ___ the Lord. ___ We

praise Your name ___ for-ev - er more ___ for You are the Lord ___ and You ___ are

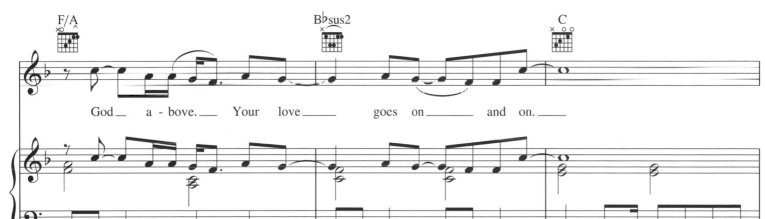

God ___ a - bove. ___ Your love ___ goes on ___ and on. ___

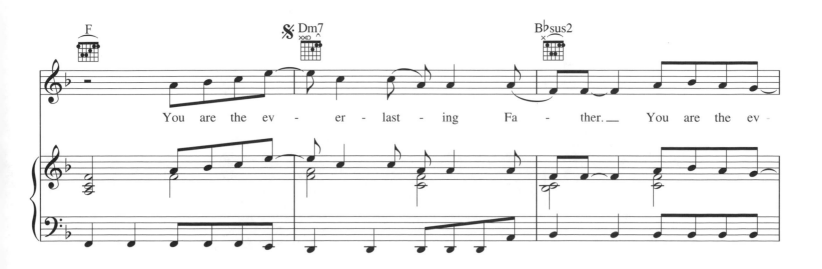

You are the ev - er - last - ing Fa - ther. ___ You are the ev -

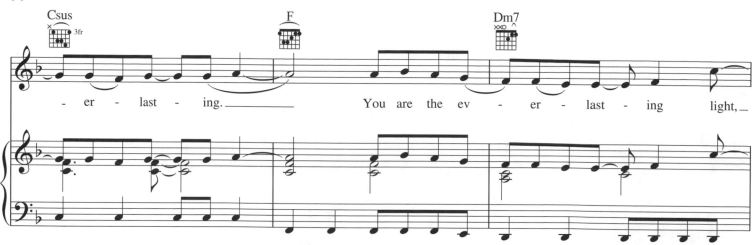

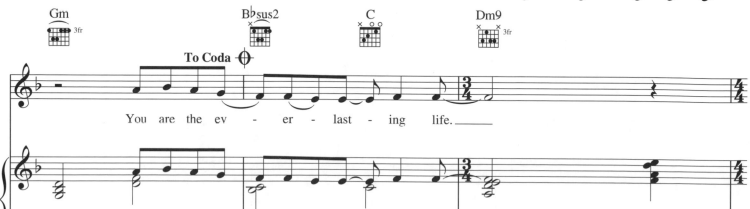

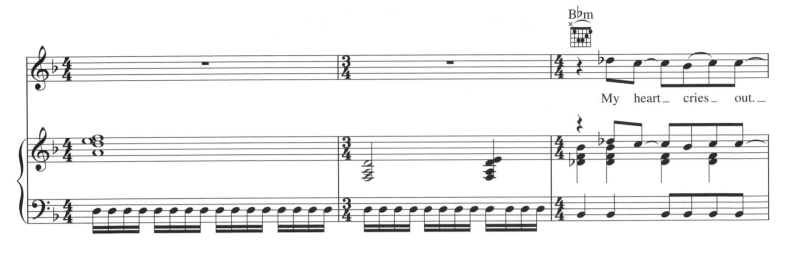

My heart__ cries__ out.__

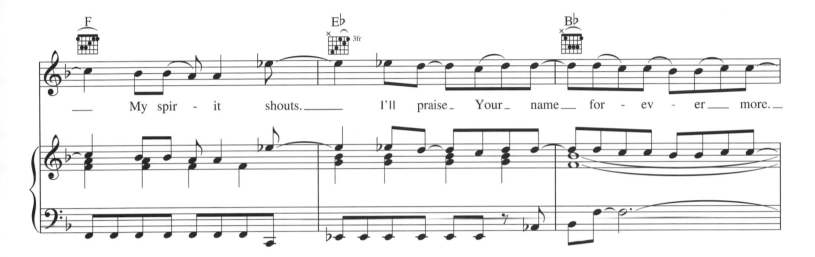

__ My spir - it shouts.____ I'll praise__ Your__ name__ for - ev - er__ more.__

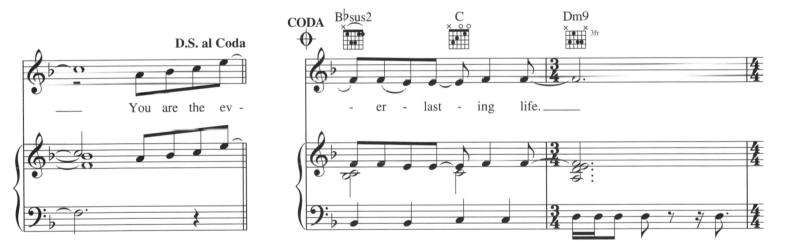

D.S. al Coda

__ You are the ev -

CODA

- er - last - ing life.____

Repeat and Fade

Optional Ending

MEDLEY: GIVE/ TURN YOUR EYES UPON JESUS/ YOUR LOVE OH LORD

GIVE
Words and Music by JOHNNY MAC POWELL,
MARK D. LEE, BRAD AVERY,
SAMUEL TAI ANDERSON and DAVID CARR

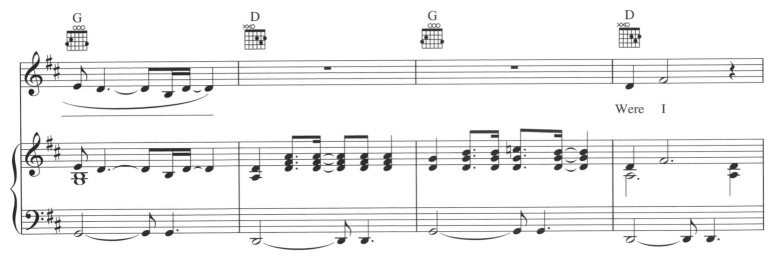

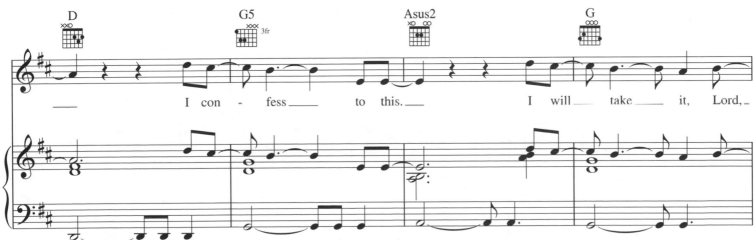

TURN YOUR EYES UPON JESUS
Words and Music by HELEN LEMMEL
Arranged by JOHNNY MAC POWELL, MARK D. LEE,
BRAD AVERY, SAMUEL TAI ANDERSON and DAVID CARR

all You have ___ to give.

Turn your eyes ___ up - on ___ Je - sus. ___ Look ___ full in His won - der - ful ___ face. ___

And the things ___ of ___ Earth ___ will grow

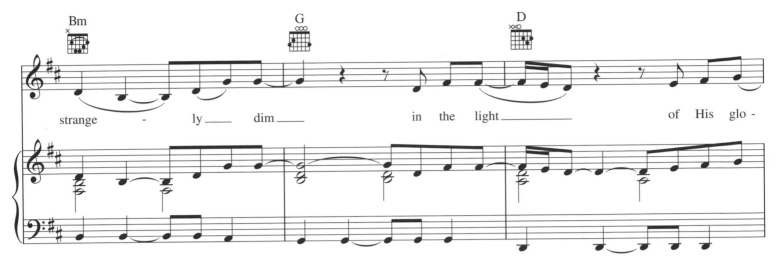

strange - ly___ dim___ in the light_____ of His glo -

- ry and__ grace.__

- ry and His grace,_____ oh__ yeah.__

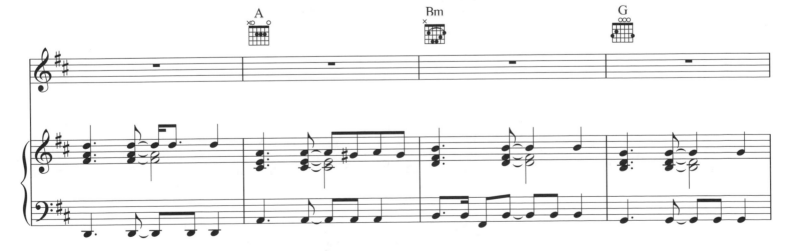

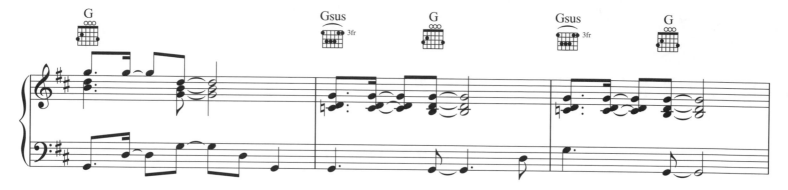

YOUR LOVE OH LORD
Words and Music by JOHNNY MAC POWELL,
MARK D. LEE, BRAD AVERY,
SAMUEL TAI ANDERSON and DAVID CARR

All I _____ want is love _____ and I con-

-fess _____ to ____ this. ____ I will ____ take _____ it, Lord, __

all You have _____ to give. _____

All You have _____ to give. _____ All You have. _____

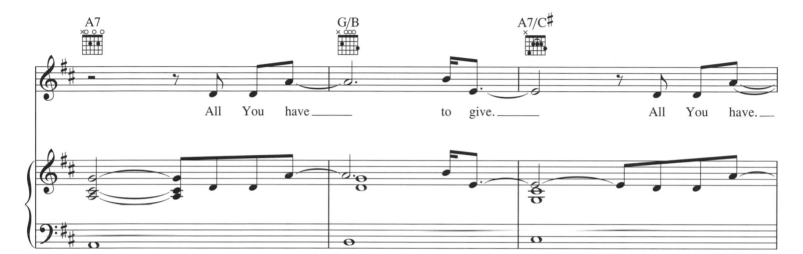

All _____ You have _____ to give. _____

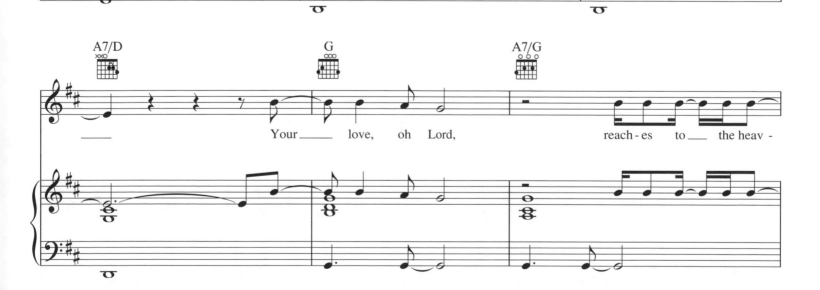

Your _____ love, oh Lord, reach-es to _____ the heav -

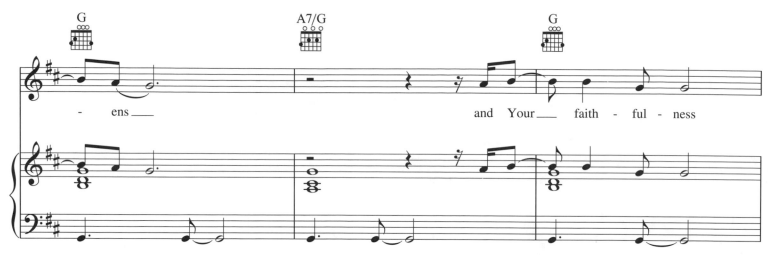

-ens ___ and Your ___ faith - ful - ness

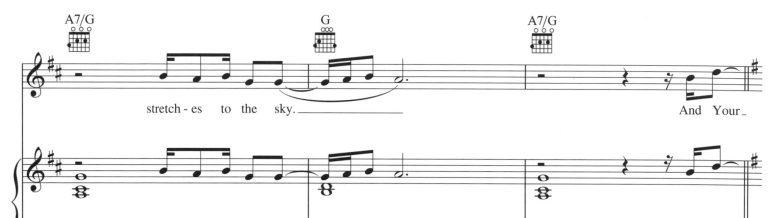

stretch - es to the sky. ___ And Your ___

___ right - eous - ness ___ is like the might - y moun - tains, ___ yes. ___

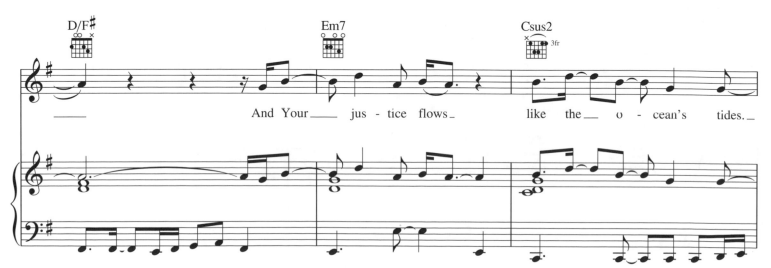

___ And Your ___ jus - tice flows ___ like the ___ o - cean's tides. ___

I will lift my voice. And I will lift my _____ voice to wor-

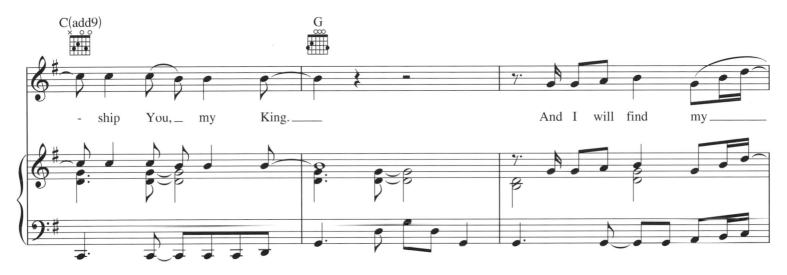

-ship You,__ my King._____ And I will find my _____

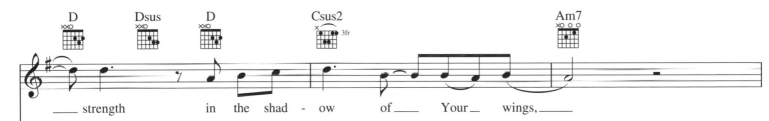

_____ strength in the shad - ow of ____ Your__ wings, _____

oh ___ yeah, ___ yeah, _____ oh.

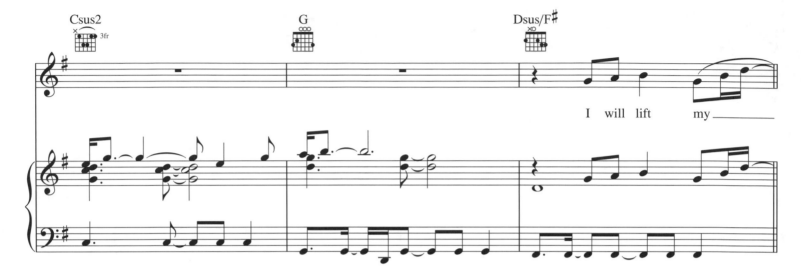

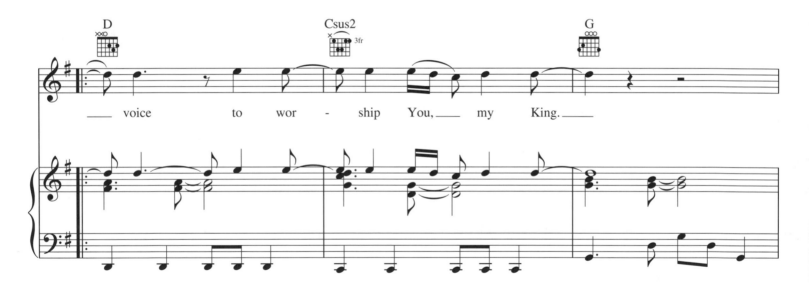

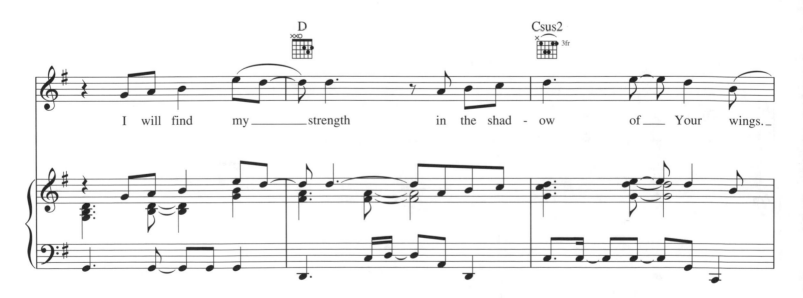

I ____ will lift ____ my ____

Your ____ love, ____ oh Lord, ____ reach - es to ____ the heav -

- ens. ____ Your ____ faith - ful - ness

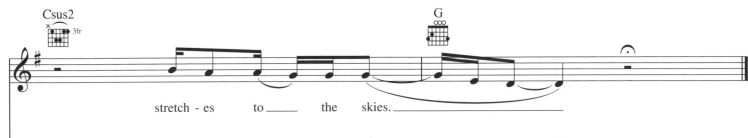

stretch - es to ____ the skies. ____

TAKE MY LIFE

Words and Music by JOHNNY MAC POWELL,
MARK D. LEE, BRAD AVERY,
SAMUEL TAI ANDERSON and DAVID CARR

tak - en me __ back __ and now I pray __ You'll do __ it once __ more. __
tak - en me __ back __ and now I pray __ You'll do __ it to - night. __

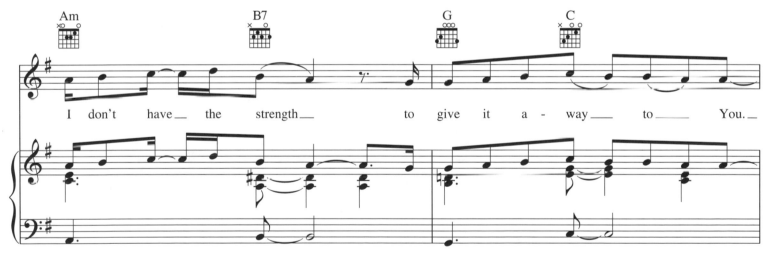

Please take from me __ my life when

I don't have __ the strength __ to give it a - way __ to __ You. __

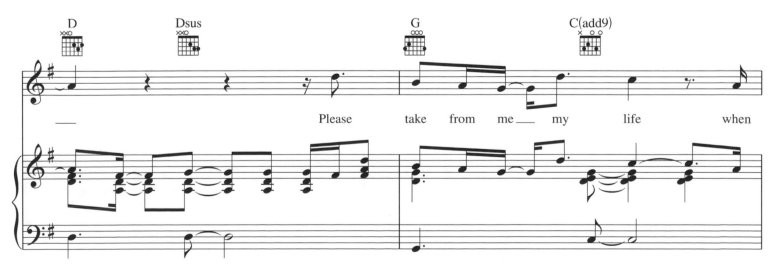

Please take from me __ my life when

I don't have ___ the strength ___ to give it a - way ___ to You, ___ Je - sus. ___

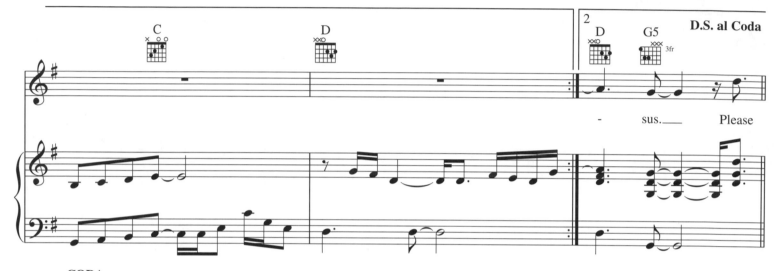

- sus. ___ Please

- sus, ___ to give it a - way ___ to You, ___ Je - sus, ___ to

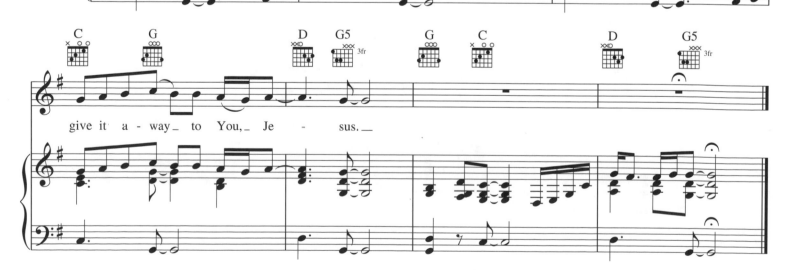

give it a - way ___ to You, ___ Je - sus. ___